呀，成语就是历史

第1辑

春秋 ①

国潮童书 / 著　丁大亮 / 绘

台海出版社

目录

③ "跑男"重耳四部曲 ⋯⋯⋯⋯⋯⋯⋯⋯ 67

1

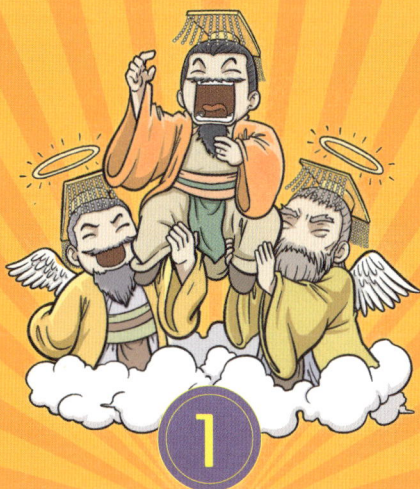

"心眼"多的郑庄公

东周实际上被分成两段，
前半段被称为"春秋"，后半段被称为"战国"。
这两段的名字分别来自两部史书——
孔子的《春秋》和刘向的《战国策》。

春秋争霸，战国称雄。
东周五百多年的历史基本上就是各诸（zhū）侯国丢弃"周礼"，
打打杀杀的战斗史。

我们先来看春秋，春秋先说谁呢？

要说也先说我！

郑庄公

根据记载，春秋时期大大小小的诸侯国有**一百多个。**
各个诸侯都想出来当霸主。
在争霸这件事上**第一个吃螃蟹的人，**
是倒着出生的郑庄公。

郑庄公出生时脚先出,这种情况母亲是**难产**,
郑庄公的妈妈武姜因此差点没命。
就这样,寤(wù)生,
这个代表"难产"的词,
就成了郑庄公的名。

我只不过是想脚踏实地!

寤
生

郑庄公小时候就这样被大家
"寤生、寤生"地叫着,
很不开心。

更不开心的是,　三年后他的弟弟——共叔段
顺产出生后,母亲武姜就患上了**"偏心病"**!

武姜

亲生的!

共叔段

寤生

我是不是亲生的?

这还不是最过分的！

最过分的是，武姜偏心到连国君的位子也想让小儿子继承。
她常常在丈夫郑武公那里吹枕边风。好在郑武公还算理智，
依然将国君的位子传给了郑庄公。

这一年郑庄公十四岁，放到现在就是个少年，
但因为娘不疼爱，郑庄公只能自己为自己打算。

郑武公

儿子呀，接下来就靠你自己啦！

世上只有爸爸好，爸爸你要去哪儿？

郑庄公

小儿子共叔段没能上位，武姜不干了！
之后，她想出了一个**夺位的大计划**。
她先替共叔段要"制"这个地方。

"制"那个地方太凶险了，常有猛虎出没。"京"比较繁华，地盘也大，就给弟弟"京"吧！

武姜

共叔段

郑庄公

还好郑庄公有"小心机"！

郑庄公知道，制地的地形很复杂，易守难攻，如果有人在这里造反，会很难平定。

共叔段拿了京地，又听妈妈的话，以京地为中心往外扩建城池，扩大封地，为夺位做准备。

这里的"京"是地名，也有"大"的意思，不指首都。虽然京不是首都，但它比当时郑国的都城还要繁华。

郑庄公身边的几个大臣急坏了。

特别是卿大夫（qīng dà fū）祭仲（zhài zhòng），赶忙跑去提醒他。

你弟弟的建筑也建得太多了！

这是自己找苦吃，等着瞧！

郑庄公

祭仲

郑庄公的原话是

"多行不义必自毙（bì），子姑待之"。

duō	xíng	bù	yì	bì	zì	bì
多	行	不	义	必	自	毙

意思是坏事干多了，一定会把自己引上绝路。"毙"是仆（pū）倒的意思，引申义为失败、垮（kuǎ）台。

这一等就是二十二年，郑庄公从少年等到中年，
武姜和共叔段终于造反了！

可共叔段很快就被郑庄公打败了，
他先逃到鄢（yān）地，最后逃到了共地。
现在你知道他为什么叫"共叔段"了吗？

老弟，你准备了这么久，
难道我就没有防备吗？

郑庄公

共叔段

共叔段跑了，偏心的妈妈武姜呢？
郑庄公平定叛乱后，把武姜安置在了颍（yǐng）地。
他还发下誓（shì）言：**"不及黄泉，无相见也。"**

**这就是"黄泉相见"的典故，
即不到黄泉，不再见面。**

古人认为，"黄泉"是人死后居住的地下世界。
上一本书我们认识过成语"九泉之下"，
其中的"泉"就是黄泉。

我这辈子都不想见你这个妈了！

郑庄公

武姜

我现在后悔了，你别走呀！

郑庄公嘴上说得硬气，**可没多久他就后悔了！**

这天，郑庄公和颍考叔一起吃饭，
郑庄公发现，好多菜颍考叔都不吃，要打包带回去。
郑庄公问原因，颍考叔说他想要带回去给他妈妈尝尝。
一听到"妈妈"二字，郑庄公"哇"的一声哭出来——

妈妈呀，我也后悔了，怎么才能去见你呀？

我有后悔药！

郑庄公

颍考叔

颍考叔的后悔药就是挖一个 **"人造黄泉"**：
往地下挖，直到挖出泉水，再往下挖个隧（suì）道。
这样在隧道中见面，就算 **"黄泉相见"** 了。

这办法不错！ 既能让母子见面，又能保住郑庄公的面子。
于是大家立马照做。挖呀挖呀，
郑庄公终于和母亲在隧道中重逢了。

妈妈，我想您！

黄泉主题密室逃脱

武姜

郑庄公

你不是"难产"，你是"难得"呀！

母子俩终于和好了！

郑庄公一高兴，写诗的灵感上来了，说：

"大隧之中，其乐也融融！"

意思是：娘呀，在隧道里面见面，也是很开心的呀！

武姜走出地道，回应说：

"大隧之外，其乐也泄（yì）泄！"

意思是：儿子呀，在隧道外相见，更欢乐呀！

成语 | qí 其 | lè 乐 | róng 融 | róng 融 | 就出自这件事。

现在这个成语形容十分欢乐、和睦(mù)的样子。你看，过年的时候，远在外地工作的亲戚（ qīn qi ）们都回家了，我们一大家子聚在一起，真是其乐融融！

还可以说 | róng 融 | róng 融 | yì 泄 | yì 泄 | 。

这件事我讲完了，你们得用心记下哟！
因为记载这件事的文章《郑伯克段于鄢（ yān ）》，
在史学和文学上都是名篇。

史学著作《左传》和**文学著作《古文观止》**
都把它放在第一篇，**可见它多重要！**

什么？《左传》居然是《春秋》的参考资料？

　　《左传》相传是春秋末期的史官左丘明所著的史书，它的内容都是对《春秋》的解释、扩写。那《春秋》又是什么书？哦，原来《春秋》是孔子根据春秋时期鲁国多位史官记录的各国大事而整理编写的史书，也是古代儒生学习的必备教科书。后世的学生要学《春秋》，《左传》就是必备参考资料。

　　为什么呢？因为《春秋》记事的语言特别简略（现存的版本只有一万六千多字），而且几乎每个句子都暗含对历史事件的看法和对人物的评价。比如，郑庄公的这"一箩筐"家务事，《春秋》里只用了"夏五月，郑伯克段于鄢"九个字来记录。为什么用"克"字？为什么郑庄公这里写作"郑伯"，而共叔段只用了一个"段"字？其实孔子老先生是有态度、有讲究的。这种写作手法含有不明显的、曲折的评判，用一个专门的成语来形容，叫

chūn	qiū	bǐ	fǎ
春	秋	笔	法

。

　　"春秋笔法"是谁都能看懂的吗？当然不是。于是就出现了"传（zhuàn）"——一种对《春秋》进行注解或者详细述说的参考资料。《春秋》的参考资料中最有名的是被称为"春秋三传"

的《左传》《公羊传》和《榖梁（gǔ liáng）传》。

《公羊传》认为孔子用春秋笔法有一套自己的原则，即"为尊者讳（huì）耻，为贤者讳过，为亲者讳疾"。也就是说，凡是尊者、贤者、亲者的耻辱（rǔ）、过失、不足都尽量少说。

关于"郑伯克段于鄢"这件事，榖梁看穿了郑庄公的心机，在《榖梁传》里他直接用

chǔ	xīn	jī	lǜ
处	心	积	虑

来评价郑庄公。"处心积虑"的意思是长期谋划要干某事。形容用尽心思地算计。多带贬义。

咱们说郑庄公有"心机"，是用了"处心积虑"这个说法哟！

你说巧不巧，

郑庄公说的"多行不义必自毙"在卫国也应验了！
卫国的公子（秦朝以前称诸侯的儿子为"公子"）
州吁（xū）想要夺位，把哥哥杀了，
自立为国君。上位后，
他立刻找了个理由和郑国"干架"。

我来替共叔段报仇！

州吁

卫000000

第一次，州吁先约了宋、陈、蔡等国一起去打郑国，
结果郑庄公躲在城里不出来。**怎么办呢？堵城门！**
州吁等一堆人在郑国都城的东门堵了五天，**回去了。**

第二次，州吁又拉着宋国等国去伐郑，还向鲁国借兵。
鲁国国君鲁隐公早留了个心眼儿，他询问大臣们的意见。
大臣众仲用两个成语预测了州吁的结果。

众仲认为**发动战争就像是燃起大火一样，**如果不尽快灭掉，必定会烧到自己。这就是

wán	huǒ	zì	fén
玩	火	自	焚

。

这个成语现在比喻做冒险的或者害人的事情，最后反而害了自己。

众仲还认为州吁连自己的哥哥都敢杀，心肠狠毒，肯定得不到大臣和百姓的支持，**结局必然会失败。**

于是就有了 **众叛亲离** 这个成语。

zhòng pàn qīn lí
众 叛 亲 离

它的字面意思很容易懂，现在多用来形容得不到大家的支持，陷入完全孤立的境地。

鲁隐公很认同众仲的话。他象征性地派了点人过去"帮忙"。这一次州吁打是打赢了，可是他们一大拨人吭哧（kēng chi）吭哧地跑过去，只是消灭了郑国的一点步兵而已。

州吁只好割了郑国的谷物回去当战利品。

州吁

卫 000001

州吁扛着谷物回到国内，却被大臣石碏（què）杀了。
石碏也真狠，就连他的儿子石厚——州吁的亲信，
也被他杀了！石碏这个举动

被大家夸赞说

dà	yì	miè	qīn
大	义	灭	亲

这个成语指为了维护正义，不顾私人的感情，使犯罪的亲属受到应有的惩罚。

你看，州吁果然没有好下场吧！
以后劝别人不要做坏事，你可以说说州吁的故事！

要称霸，当然得先掂（diān）量掂量自己的斤两，

把有利条件和不利条件列出来。

这些可以从郑庄公的爷爷郑桓（huán）公说起。

先看看有利条件——
手里有王子做人质！

很多年以前，爷爷郑桓公把管辖区内的百姓迁到洛邑以东。

后来，爸爸郑武公在周天子——周平王东迁时发挥了重要作用，

是周平王的恩人，更是东周的大功臣，因此被封为了卿士。

这个职位相当于国相，可以执政，

也可以代表周天子打仗，权力很大。

> 嘿嘿，面子还是有那么一丢丢的。

郑庄公

郑武公

郑桓公

周平王

后来郑庄公继承了老爸的卿士之职。周平王想再封个卿士，
削弱郑庄公的权力。郑庄公知道后，怒气冲冲地跑去质问周平王，
并放话以后周平王爱干啥干啥，他都不管了。

周平王反倒急了，说没有这回事，

还把王子狐给郑庄公当人质。

**周天子的宝贝儿子在手，
自己的身价地位又高了！**

不过郑庄公也没有失去理智，

他把自己的儿子忽交给周平王做人质。

这件事，在历史上被称为 **"周郑交质"。**

爸爸们的心好狠，说交换就交换。

王子狐

公子忽

不过，左丘明在《左传》里用
"信不由中，质无益也" 来说他们表面讲信用，
但不是发自内心，即使互换人质也是没用的。
这就是成语

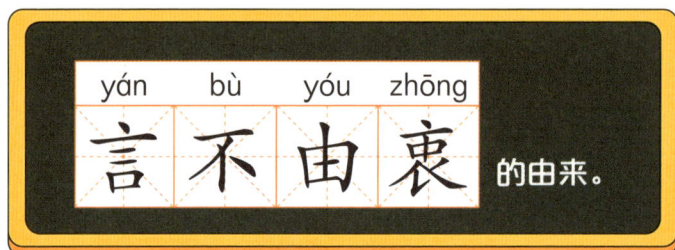

yán　bù　yóu　zhōng

言不由衷

的由来。

它形容说的不是真心话。成语"**口是心非**"和它意思相近，
也有心口不一致的意思。但是"言不由衷"多用来形容不
坦率、敷衍（fū yǎn）的言行，而"口是心非"多用来形容
虚伪（wěi）欺骗的言行。要注意区分。

再说说不利条件——
地盘位置不太好！

郑庄公的爷爷选郑国这块地方的时候，
认为交通和地理环境不错，适合居住；
没有考虑这地方居中， 周围密密麻麻全是诸侯国，
大家争地盘总要借个路或者不小心擦个火啥的。

郑国要是不能从中间打出一片天地,
以后就只有挨打的份儿!

爷爷,你占的是块"草肚皮"呀!

郑桓公

郑庄公

由得我挑吗? 当年我们是跑路过来的!

"金角银边草肚皮"是围棋术语。在棋盘上,棋子占据的地方不一样,产生的效果也不一样。棋子下在角上像金子一样可贵;下在边上次一等,像银子一样;下在中间那就像茅草一样不值钱。

啪!

幸好,这时候争霸才刚开始,
东齐、西秦、南楚、北晋这些诸侯国还没反应过来呢!
还有时间,有机会!

春秋时期军队的核心·武器是什么?

战车是春秋时期军队作战的核心武器。战车上有车左、车御（yù）、车右三人分别负责射箭、驾车、用矛或戈（gē）刺敌。他们组成的作战小组由四匹战马拉着，叫"驷（sì）马战车"。

驷马战车动力强，跑得快，所以

sì	mǎ	nán	zhuī
驷	马	难	追

这个成语跟战车有关。

"驷马难追"现在常放在

yī	yán	jì	chū
一	言	既	出

的后面，指一句话说出了口，就是套上四匹马拉的车也追不回。也就是告诉我们，话一说出口就不能再收回，说话一定要谨慎。

四匹马拉的战车称为一乘（shèng）。战车的数量是诸侯国军事实力的直接体现。想当霸主，没有几千乘还真不好意思跟人对抗呢!

上次郑庄公和州吁打仗，郑国的步兵损失了很多，但战车溜（liū）得快，保存了下来，实力还在。

怎么提高军队的战斗力呢？

郑庄公一边吃鱼一边想。这时有人唱起了流行歌曲《鱼丽》。

鱼儿钻进竹篓（lǒu）里……

郑庄公

有了！

《鱼丽》是《诗经·小雅》中的一篇，说的是饭菜多么多么好吃，分量多么多么足，主人多么多么大方，客人多么多么满意……周朝贵族们吃饭的时候，会让人演奏这首歌作为背景音乐。

郑庄公脑洞大开，他想到了一个阵法——
让步兵在战车的三面，像鱼篓一样保护战车前进，
这就是**"鱼丽之阵"**。军队"升级"后，
郑国实现了"任性"自由，看周边哪个国家"不听话"，
上去就是一顿"打"！

比如，郑庄公联合齐僖（xī）公、鲁隐公攻打许国，就打得很轻松。
但意外的是，帮郑庄公挖隧道的颍考叔在登上许国城门时，
被一支暗箭杀害了！

郑庄公很生气，可是他怎么也想不到，
凶手是他的大臣公孙子都。

公孙子都是春秋时期的美男子，被后人称作
中国古代十大美男之一。
连儒家的"亚圣"孟子也说，谁要是看不见公孙子都的美，谁就是没长眼睛。公孙子都虽然长得好，武艺高超，
但是心眼儿很小。 他因为以前和颍考叔有冲突，便趁机杀害了颍考叔。

这种暗地里射箭伤害别人的行为，

就是
àn jiàn shāng rén
暗 箭 伤 人。

这个成语比喻暗中用阴险的手段伤害别人。**你可以这样用：** 他人品可信，肯定会公开与我们一较高下，不会采取暗箭伤人的手段。

还有版本说郑庄公知道是公孙子都干的，把他给骂死了。

你信不?

我有些相信，因为郑庄公的**口才不是一般地好。**

许国战败后，许庄公逃去卫国，郑国正式接管了许国。
郑庄公将许国分成东、西两块，小块的东边给许庄公的弟弟许叔，
让许国的大夫百里帮助许叔管理；
大块的西边由他手下的将军公孙获驻守。
郑庄公还要公孙获**严密监视许叔及许国的举动。**

以后许国由我来"保护"！

公孙获

百里

许叔

郑庄公做的这些安排，明明是占领别国的土地，
但他还要把自己包装得特别"正义"。

他对百里说："许国惹怒了上天，我来攻打许国是代替上天惩罚你们。但是我没有很好的品德，连自己的弟弟都照顾不好，你要好好帮助许叔，安抚（fǔ）百姓，治理好你们的国家。"

《左传》用 **"度（duó）德而处之"** 来概括郑庄公的意思。

后来这一句演变为成语

duó	dé	liàng	lì
度	德	量	力

。

意思是估量自己的德行是否能够服人，能力是否能够胜任。"度"是衡（héng）量、估量的意思。

许国的事情就交给你们啦！

公孙获

郑庄公

百里

许叔

他又说："你们要守好许国，

别让其他人来和我郑国争夺这里。

不然的话，我能力有限，连自己国家都顾不过来，怎么能护住许国呢？"《左传》说郑庄公这样做是

"量力而行之"。

liàng	lì	ér	xíng
量	力	而	行

后来这一句演变为成语 量力而行。

"量"是估量，"行"是做事。意思是估量自己能力或力量的大小去做事。**你可以这样用：**这次联欢会我们班要出节目，我没什么艺术特长，只能量力而行，为大家打打杂了。

提到"量力而行"，就必须说一说它的"好兄弟"——

jìn	lì	ér	wéi
尽	力	而	为

这个成语出自《孟子》，意思是用全部精力去做。我们来比较一下两个成语。"量力而行"强调的是在对自己的能力有准确认识的情况下去做事情，如果这件事的难度超出我们的能力，但我们又不想放弃，就必须"尽力而为"。"尽力而为"展现的是一种超越自己的气魄。我们做事情既要量力而行，又要尽力而为，这样才能更好地完成一个又一个目标。

最后，郑庄公对公孙获说："我死了，你就观察时机，马上回国。郑国和许国都是大周的子民，我们不要和许国争。"

这就是《左传》中所说的

哈哈，抓到啦！

xiàng	shí	ér	dòng
相	时	而	动

意思是观察时机，针对具体情况采取行动。你知道吗？抓鱼特别需要相时而动，不然鱼儿溜得飞快！

前面说的这一大段就是《左传》的名篇
《郑庄公戒饬（chì）守臣》。
"戒饬"是告诫的意思。

郑庄公教你好好说话

春秋第一季
辩论王
新鲜出炉！

郑庄公

你看，郑庄公靠一张嘴就给自己
树立起"好人"形象，
他可真有"心机"呀！

就这样，郑庄公的天地越来越广大了！新的周天子——
周桓王上位后，**一心要打压郑庄公。**
周桓王先是撤（chè）掉了郑庄公的卿士之位，
并让他的死对头虢（guó）公管事。

这位是新上任的卿士！

虢公

周桓王

郑庄公

卿士

然后周桓王亲自率领周军及陈、蔡、卫三国攻打郑国。
这一战史称**繻葛**（xū gé）**之战**。不过，周桓王的实力太弱了，
周军很快就被打蒙（mēng）了。在混战中，
郑庄公的手下祝聃（dān）用箭射伤了周桓王的肩膀！

这就是东周的标志性事件——
祝聃射王。

> 哎呀！战争好残酷，天子也会被射中！

周桓王

竟然伤了周朝的天子，怎么办？
郑庄公见好就收，没有继续追击周王室的军队，
还当天晚上派了祭仲去慰问周桓王。

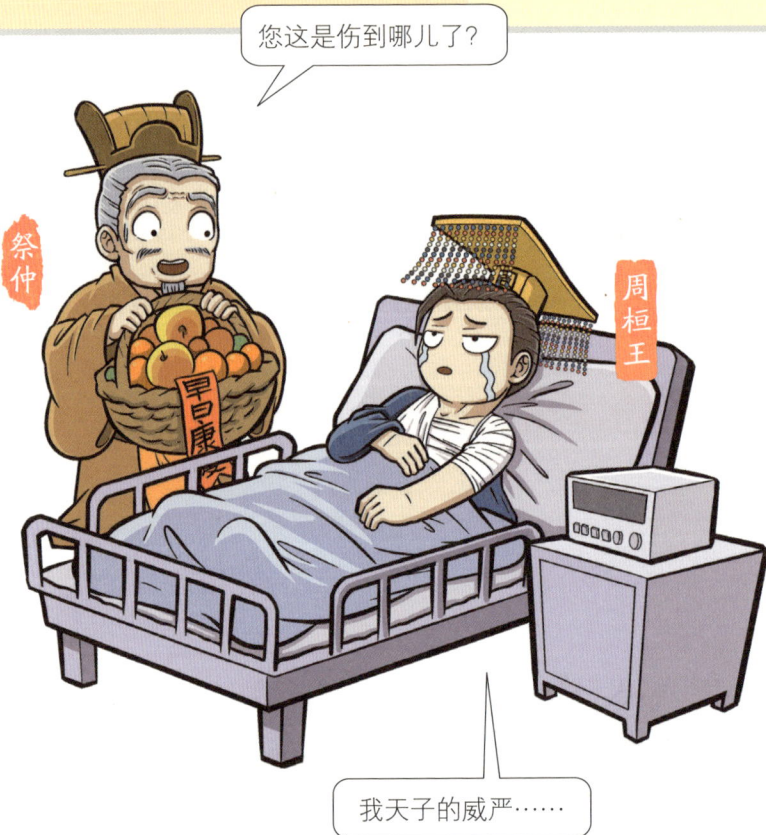

祝聃这一箭意义重大，

它标志着**争霸时代来临了！**

而郑庄公也成了**这场争霸大剧的开启者。**
不过，和之后崛（jué）起的那些霸主比，
郑庄公只能算小霸，
因为他的影响力仅限于中原地区，
而"继承者"们却影响了全天下。

2

春秋首霸——姜小白

小霸郑庄公先打了个底，接下来，

"春秋五霸" 上场了！

哈哈，我赢了，我先来！

齐桓公

齐桓公抢到了第一，成为春秋首霸。

你肯定猜不到，他竟然有个无比可爱的名字——**姜小白**。

听着挺亲切，原来他是姜子牙的第十二世孙。

齐桓公到底叫 "姜小白" 还是 "齐小白"，有很多说法。为了突出他和姜子牙的关系，也为了方便记忆，我们就叫他 "姜小白" 吧！

哈哈，总算有个稍微出息点的后辈了！

姜子牙

按理说，姜小白上头有哥哥，国君的位子怎么也轮不到他。可他的哥哥齐襄（xiāng）公姜诸儿不行，

尽干些荒唐无耻（chǐ）的"坏事儿"！

喂喂喂！说谁不行呢！

齐襄公

《左传》中记载："齐侯游于姑棼（fén），遂田于贝丘，见大豕……" "大豕"就是大猪。你们看，"家"字里面有"豕"，是不是指家里养头猪，日子就安稳好过了呢？

别的荒唐事不说，齐襄公姜诸儿对内对外整人打架的理由，**就够"奇葩（pā）"的了！**

对内， 齐襄公一上位就找堂兄弟公孙无知的麻烦，就因为他小时候一直跟公孙无知合不来。

你凭什么这么对我！

齐襄公

公孙无知

就凭我小时候打架打不过你！

对外， 当齐襄公想干掉旁边的小强国纪国时，他的理由竟然是——

你爷爷的爷爷的爷爷害死了我爷爷的爷爷的爷爷，我要为我爷爷的爷爷的爷爷报仇！

纪国

吮！

齐襄公

西周时期，纪国的国君纪侯对周天子说了齐哀（āi）公的坏话，导致齐哀公被周夷（yí）王杀了。齐襄公是齐哀公的九世孙，所以齐国和纪国确实有仇！

齐襄公举起了为先人报仇的 **"正义大旗"**，消灭了纪国。

这种你我的爷爷的爷爷的爷爷之间久远的深仇就叫作

jiǔ shì zhī chóu

九 世 之 仇。

注意： 这里的"九"不一定就是九代，而是指很多或很久远的意思。

齐襄公的这些行为，**就像一个"搅拌棍"，** 把周围的国家搅得稀乱。

而且搅着搅着，齐襄公居然**差那么一丢丢就把自己送上"首霸"的位子了！**

可惜，他没有这个命！

齐襄公十二年，他派大臣连称、管至父到边境驻守。连称和管至父在都城过得多舒服呀，**哪里愿意去边境吃苦呢？**

我们啥时候才能回来继续服侍您呀？

齐襄公

连称

管至父

还没去就想回了？

齐襄公看到桌子上摆着一盘新鲜的甜瓜，随口说了句：
"明年瓜熟的时候我会派人去接替你们的。"

jí	guā	ér	dài
及	**瓜**	**而**	**代**

成语

就是任期已满，由其他人来接任的意思。"及"指到达；"代"指代替。**比如，**主管的职务到了及瓜而代的时候，几个候选人都争着表现自己，希望大家能投他们一票。

骗子！大骗子！

第二年地里的瓜果都熟烂了还没人来！

被"放鸽子"（不遵守诺言）的连称和管至父气坏了，
联合公孙无知干掉齐襄公。公孙无知登上了国君的宝座。

要你说话不算数！

公孙无知

管至父

连称

哎哟……饶命！我只是忙忘了！

齐襄公

可没过多久，公孙无知也被别人杀掉了！

国君没了！ 齐国顿时陷入混乱之中……

机会来了！先到先得！

一场"当国君"比赛正式鸣枪开始！

这时，逃到莒（jǔ）国的姜小白和
逃到鲁国的姜纠（jiū）（姜小白的兄弟）两位"选手"，
分别带着鲍（bào）叔牙和管仲两位"教练"，
向齐国火速狂奔……

齐国都城
临淄（lín zī）

哥，我这边路好走点，承让啦！

你别嘚瑟（dè se）！

齐

姜纠

姜小白

鲁

莒

他们离齐国的距离差不多，但姜纠要翻山越岭，为了赢得比赛，
他叫管仲在半路上截（jié）杀姜小白。
管仲为表忠心，日夜狂奔，终于追上姜小白，给了他一箭！

管仲以为他已经死了。
没想到，他和姜纠赶到齐国后，
发现姜小白竟然奇迹般地"复活"了，还登上了宝座，
成了齐国新一任国君——齐桓公。

原来，管仲那一箭射中的是姜小白的衣带钩
（你当皮带扣理解也行）。姜小白咬破舌头吐出一口血，
表演了装死！

哈哈，惊不惊喜，意不意外？

姜小白

管仲

这哪里是比速度，明明是比演技呀！

这就是成语故事

yī	jiàn	zhī	chóu
一	箭	之	仇

的上半段。

"一箭之仇"现在泛指因为某件事情所结下的仇怨。

下半段怎么样了呢？管仲死定了吧？

齐桓公上位后，和他争夺国君之位的姜纠只好跑回了鲁国。
齐桓公气不过，逼鲁庄公干掉姜纠，还想亲自干掉管仲。

现在开始练功来不来得及？

管仲

但是鲍叔牙不同意！

他对齐桓公说："管仲是个人才，齐国要称霸，少不了他！"
齐桓公对管仲进行"摸底考试"后，发现他真的是个人才。
于是齐桓公不仅让管仲担任齐国的相国，还拜他为"仲父"
（对辅佐国君的重臣的尊称）。

等等！

鲍叔牙和管仲帮助不同的公子，妥（tuǒ）妥的对手呀！怎么……
哦，原来他们早就认识，而且还是"铁哥们"！

他们之间的交情被称为"管鲍之交"。
来听听这两人的故事吧！

管仲和鲍叔牙合伙做生意。

鲍叔牙有钱，于是出钱多，管仲没钱，于是出钱少。
赚了钱按理应该鲍叔牙拿大头儿，管仲拿小头儿，
可管仲却拿了大头儿去还自己的债（zhài）了！

管仲和鲍叔牙一起参军打仗。

管仲每次冲锋时都在队伍最后，撤退的时候却跑得飞快，战友们都好嫌（xián）弃他。

管仲说："生我者父母，知我者鲍子也。"

我想说："这样的朋友，请给我来一打（dá）！"

现在你知道

guǎn　bào　fēn　jīn
管　鲍　分　金

和

guǎn　bào　zhī　jiāo
管　鲍　之　交

是比喻情谊深厚了吧！

管仲执掌齐国政事，鲍叔牙一点也不嫉妒。
在管仲的推荐下，鲍叔牙成为齐国的大谏（jiàn），
也就是专门管规劝训诫（jiè）等事的官员。
他全力配合管仲的工作。

管仲，姓姬（jī），管氏，名夷吾，字仲，被称为"华夏
第一相"，孔子和诸葛亮都是他的"粉丝"。后人整理管
仲的思想，写成多篇文章，然后合成一本书叫《管子》。
管仲也有了一个更响亮的名字——管子。

有了管仲，齐桓公才知道自己真是挖到宝了！

管仲想了很多办法让齐国更安定、富裕。

管仲进行土地划分，给士（低等级的贵族）、农（农民）、工（手工业者）、商（做生意的人）划分区域分开居住，不混杂在一起。他认为这样可以让大家安安心心地做自己该做的事，

不会 见 异 思 迁 。
jiàn yì sī qiān

现在上班的地方近多了，我们的干劲更大啦！

《管子·小匡》说"圣王之处士必于闲燕，处农必就田野，处工必就官府，处商必就市井"，"其心安焉（yān），不见异物而迁焉"。这就是管仲把大家划片区居住的思想。

"见异思迁" 和

sān	xīn	èr	yì
三	心	二	意

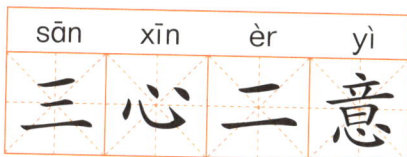

都有不专心的意思。但"见异思迁"通常指人的意志不坚定，喜爱不专一。"三心二意"强调的是犹豫，拿不定主意。

在管仲的安排下，齐国卖起了海盐。 都说

kào	shān	chī	shān	kào	shuǐ	chī	shuǐ
靠	山	吃	山，	靠	水	吃	水，

就是自己所在的地方有什么条件，就依靠什么条件生活。

齐国靠海，海里有盐呀，这可是跟钱一样好使的东西！好家伙，没多久，齐国就**富得冒油了！**

齐 ♥　　●　●　●　✕

盐可是个好东西呀！买它！买它！

管仲

鲍叔牙：必须支持！

小白：好东西！

名字太长……

盐

管仲认为人才是很重要的，他有句名言——

shí	nián	shù	mù		bǎi	nián	shù	rén
十	年	树	木	，	百	年	树	人	。

指培养一个人成才很不容易，是长远的打算。你们学校什么地方可能就贴着"十年树木，百年树人"这个标语，你下课后可以去找找。

有了管仲和鲍叔牙，齐桓公更明白人才的重要性了！

他来了一招 **庭燎**（tíng liáo）**招士，**

就是点燃一百个火炬（jù），广招天下人才。

"庭燎"就是在宫廷中点燃火炬，接待外国使者或商讨国家大事。

周朝的礼乐制度规定，天子可以点燃一百个火炬，

诸公点五十个，侯、伯等爵位点三十个。

《礼记》里记载："庭燎之百，由齐桓公始也。"齐桓公只是诸侯，用百燎超过规格了。后来人们认为齐桓公是最早破坏周朝礼乐制度的诸侯。

你就是我一直在找的"齐国达人"！我要为你亮一百盏灯！

管仲

春秋时期，贵族有四个等级：天子、诸侯、大夫、士。士是等级最低的贵族——只有贵族的身份，没有其他三个等级的贵族享有的封地。但他们一般有某个方面的长处或本领。比如说，士有武艺，就叫作武士；有文才，就叫文士；计谋好，就叫谋士；口才好，那就叫辩士。那时候平民是不可以上战场的，打仗的都是士，最低等的士在军队里负责做饭，所以后来又有"士兵"一词。

可是，一年过去了，齐桓公的宫廷只来了一个会"**九九之术**（乘法口诀）"的人。

什么？这也算一技之长？

我要是会这点"小九九"就能当大官，那些有本事的人肯定不服气，都会来齐国的。

管仲

有道理，这条"有才"链归你了！

神奇！

这"招才论"一出，人才都往齐国涌来，
齐桓公再也不用为缺人才发愁了！一天晚上，
齐桓公听到一个赶牛车的人敲着牛角唱《饭牛歌》。
认真听了歌词后，齐桓公觉得这个人有点儿意思，
马上把他招进来面试。这个人是来自卫国的甯戚（nìng qī），
他准备到齐国来干大事，准备得非常充分，所以面试很成功。
齐桓公让他当了管农业事务的官。

像我这样优秀的人，不该放牛过一生！

甯戚

齐桓公

对，我需要的人才就是你！

你好奇《饭牛歌》的歌词是什么吗？可以找来
看看。

另一个来投奔齐桓公的人是陈国的公子敬仲。

齐桓公很喜欢找他喝酒聊天。有一次，敬仲招待齐桓公喝酒。

从白天喝到天黑，齐桓公还不走，还叫人点灯准备继续喝。

敬仲不愿意，但他又不好直接赶人走，而是这样说——

> 白天喝酒前我算了一卦（guà）——吉利。晚上喝酒我来不及算卦，不知道吉利不吉利？

> 好的，我走我走！

敬仲

营业时间 AM 10 至 PM

齐桓公

这就是成语

bǔ	zhòu	bǔ	yè
卜	昼	卜	夜

的由来。

形容玩乐不计时间，从白天到黑夜，又从黑夜到白天，连续不停。

敬仲说话真有水平！ 所以他不但没惹齐桓公生气，还被后人称赞"义"和"仁"。

那说话没水平会怎么样？
齐国有名的木匠轮扁因为嘲笑齐桓公读圣人书没什么用，
差点被杀掉！ 还好他把话"圆"回来了。

他通过自己

dé	xīn	yìng	shǒu
得	心	应	手

的造车体会，告诉齐桓公真正有用的知识是从实践中得来的，这才捡回一条命。

> 这个成语的意思是心里怎么想，手就能做出来。形容做事情非常顺利。**比如，**别人都不会玩魔方，可他玩起魔方来却得心应手，好像天生就会。

可见齐桓公虽然对人才很好，但你要是敢挑战他的权威，还是要小心自己的脑袋！

齐桓公有不少问题，**最大的问题是爱出风头！**
当上齐国国君的第二年，
齐桓公就亲自带兵去找鲁庄公算账。

长勺之战开始了！

称霸呀，不打几次架怎么知道谁厉害！

那你去吧，我守老家。

齐桓公

管仲

在姜小白和姜纠争夺国君之位时，鲁庄公支持的是姜小白的对手姜纠。所以姜小白上位后很不高兴，要去找鲁庄公的麻烦。

齐军摆好阵形，开始敲鼓。

杀！杀！杀！哇，有杀气！

可鲁军静悄悄的……

齐桓公

没听见？再用力敲一回。

杀！杀！杀！哇，真霸气！

可鲁军还是没反应……

齐桓公

聋（lóng）了吗？再用大力敲！敲！敲！

杀……杀啥呀？哇，齐军很崩溃（kuì）！

鲁军为什么还不动？

齐军蒙了！乱了！还敲啥？都没人搭理！

突然，鲁军"咚咚咚"地敲起鼓来，

敲得齐军的心都碎了！

鲁军一下子就把齐军冲垮（kuǎ）了！

齐桓公

齐军只敲鼓不进攻，是傻吗？

我们在前面说过，春秋时期参战的都是贵族，他们认为只有守规矩（jǔ）的战争才是符合"礼""义"的。那时候关于战争的规矩多到什么程度呢？估计可以印成小册子了。你看——

规矩一：要有理由，没有理由不能打。

规矩二：要约好时间、地点和人数，没有约好不能打。

规矩三：打仗的时候，双方先派使者交谈，说说打仗的理由，不能杀使者。

规矩四：要双方准备好，排好队形，都击鼓后才能打。对方没吃饭，就等。

规矩五：要一个对一个地打，敌人受伤，等他回去包扎好了再回来打。

规矩六：敌人逃跑出五十步（大概三十米）后，不再追击。

规矩七：打仗要有专门的战场，一般是在边疆（jiāng）。所以战场也叫疆场。

规矩八：打仗的时候看到对方的国君，不仅不能攻击，还要行礼。

规矩九……

所以，我们现在看上去觉得很傻的事情，在当时可是人们必须遵守的规则！

这次长勺之战也不是鲁庄公不守规矩（具体规矩见"跑题时间"），这主意是一个叫曹刿（guì）的平民提出的。

他认为打仗，只管赢就对了！

当然曹刿敢让鲁军这样做，是做了调查和分析的。

在语文课本的《曹刿论战》里，
曹刿说：打仗是要靠勇气的，敲鼓就是给自己加油鼓劲。
敲第一次时，敌方的士兵精神振奋，这时我们硬打，胜算不大；
敲第二次时，敌方的士兵精神稍微放松；
敲到第三次时，敌方的士兵感到疲倦了，这时才是进攻的最好时机！

划重点！这是考点，考点！

	yī	gǔ	zuò	qì
成语	一	鼓	作	气

就是这样来的。

意思是战斗时敲第一次鼓，士气最高。现在用来比喻趁劲头足的时候一口气把事情做完。**你可以这样用：** 他拿起笔，一鼓作气连写了三篇大字。

长勺之战败了，**齐桓公觉得好丢人！**
管仲倒是无所谓，他觉得称霸不一定非要打打杀杀，
还可以走其他路。什么路？

开会呀！

> 霸主哪有不开会的？

> 你去安排吧，我的心好累……

管仲

齐桓公

齐桓公从此成了开会"达人"！
他在位的**四十三年**里，举行了**十六次**大大小小的会盟，
平均两年半就要开一次会！

第一次先来个排场小的，试探试探情况。
帮助宋国平定内乱后，齐桓公邀请宋、陈、蔡、
邾（zhū）和遂（suì）国在北杏会盟。
齐桓公总算有"面子"了——**他"执牛耳"了！**

（见"跑题时间"）

为什么"执牛耳"有面子？

春秋时期，诸侯间用会面和结盟的形式来建立统一战线，这就是"会盟"。诸侯搞会盟是有一套标准流程的。首先要建个坛，不能在平地上。然后是订立盟书。为了表示大家都会遵守盟书的约定，要杀头牛，割下牛耳朵取血。取出来的血，每个诸侯都要喝下去。如果实在不想喝，涂在嘴巴上也行。这就叫

shà	xuè	wéi	méng
歃	血	为	盟

（相当于签订合同）。诸侯中谁拿着牛耳朵，负责割牛耳取血，谁就是霸主。所以成语

zhí	niú	ěr
执	牛	耳

后来泛指在某一方面领先，具有领导地位。

可那个小小的遂国居然敢不来！齐桓公一生气，遂国就给灭了。
这可把鲁国吓坏了，要知道遂国就在鲁国旁边！

鲁庄公很害怕，赶紧和齐桓公预约**柯地会盟**。

这次齐桓公应该能出个大风头，顺便报个旧仇吧？

没想到，鲁国又玩花样了！
齐桓公竟然被绑架了！

和齐国打仗三战三败，只能靠割地来求和的鲁国
又一次不按常理出牌，**鲁国将军曹沫**
突然跳出来当刺客——

曹沫

齐桓公

> 你们这么大的齐国欺负人，我不同意！

> 有话好商量！之前你们割的地，都还给你们！

> 有人从各方面考证说曹沫其实与前面提出"一鼓作气"的曹刿是同一个人，因为古代"沫"和"刿"的发音相同。

就这样鲁国

fǎn bài wéi shèng
反 败 为 胜。

这个成语指扭转败局取得胜利。和"**转败为功**""**转败为胜**"意思一样。

曹沫成了中国历史上的"第一刺客"！

不过，齐桓公也不亏！ 惊险过后，

他在管仲的劝说下兑现了对曹沫的承诺，获得了各国好评，

反而更显霸主风范了！

又过了两年，
齐桓公要去打宋国，
说宋国违反了
北杏盟约。
管仲拉住他——

"尊王攘夷"这招比较好用！

管仲

齐桓公

太有才了！让周天子参加，我们就算替天子讨伐了！

成语 **尊王攘夷** 中，

zūn　wáng　rǎng　yí
尊　王　攘　夷

"尊"指尊崇（chóng）；"攘"是排斥、抵御的意思。
这里指尊崇周天子，抵御蛮夷。

打着周天子的旗号去教训别国，
就"正义"多了！

齐桓公对周天子"尊重"，周天子也很高兴。

后来，齐桓公组织**郪**（juàn）**地会盟**时，
周天子还派了卿士去参会。其他诸侯看到周天子支持齐桓公，
于是都推选齐桓公当盟主。

齐桓公的霸主地位确立啦！

"尊王"这事儿好干，毕竟只要表示一下就行了；
"攘夷"这事儿可不容易，
要知道那些"夷"都是"野蛮人"！

2 春秋首霸——姜小白

加油！"攘夷"再难，咱们也得撑住！

尊王易

齐桓公

攘夷难

管仲

齐桓公应燕国的请求，**出兵打山戎**（róng）。
打仗不怕，齐军出手当然能赢，但是人生地不熟，
回去的时候迷路了。还好管仲聪明，他挑出几匹老马，
解开缰（jiāng）绳，让它们在大军的前面自由行走。
果然，老马带着齐军找到了回去的路。

lǎo	mǎ	shí	tú
老	马	识	途

这就是成语 老马识途 的由来。

"老马识途"指老马认识走过的路。现在常用来比喻有
经验的人能看清方向，能起引导作用。**比如**，他从小生
活在峨眉山下，在山里到处跑也不会迷路。都说"老马
识途"，由他带你们游玩再合适不过了！

齐桓公说到做到，服他的诸侯国也越来越多。
可偏偏南边的楚国不但不承认他的霸主地位，
还要往北发展势力，**挑战他的权威。**

不服？开打！ 齐国带着一些诸侯国先把楚国的盟友
蔡国拿下，然后继续往南。

咱们还是开会谈吧！

楚成王

卫

鲁 陈 宋

齐桓公

楚成王派使者去找齐桓公讲理。

楚国使者说："你在北，我在南，隔这么远，
就算我家的牛啊马啊撒开腿跑，也不会跑到你那儿去吧？
你有什么理由打我呀！"

管仲反问他："你们多久没有进贡酿酒的
包茅（一种过滤酒用的草）了？
周天子祭天都没有酒了！"

这就是 风马牛不相及 的由来。

fēng mǎ niú bù xiāng jí

风 马 牛 不 相 及

"风"指走失。成语的意思是马、牛就算飞奔走失了，也不会跑到对方的境内去。比喻事物之间毫不相干。**比如**，生活在北极的北极熊和生活在南极的企鹅平时是风马牛不相及——不过，它们在动物园可能会成为邻居。

齐楚谈崩（bēng）了，马上就要开战！

楚成王又赶紧找大臣屈完去继续谈。

齐桓公带着屈完走了个阅兵仪式。屈完看完，

感觉**震撼！服气！**

最后，楚国承认齐国的霸主地位，接受齐国的领导，

订立盟约，史称**召陵（líng）之盟。**

没打仗就收服了楚国，厉害！

说起齐桓公开得最精彩的一次会议，

要数他六十六岁，在位三十五年时的**葵（kuí）丘之盟！**

这次会议很多诸侯都到了。周天子虽然没来，

但他派了使者带来祭肉、弓箭、座驾等送给齐桓公。

齐桓公像天子一样号召各路争霸的诸侯**订立盟约，**

yán	guī	yú	hǎo
言	归	于	好

，和平相处。

这个成语的意思很简单，指重新和好。不过你要注意，"言"不是指说话，而是一个没有具体意思，放在词句前面的助词。

我宣誓：不许截断水源，不得炒卖粮食，不许打架，不得违约……

齐桓公

到这里，春秋首霸齐桓公就讲得差不多了。
第二位霸主马上要出来了，为我们上演一出
《公子出逃记》……

3

"跑男"重耳四部曲

这位"出逃"的公子叫重（chóng）耳。

他后来不仅成了首霸齐桓公的女婿，

还成了春秋时期的第二位霸主，和齐桓公并称**"齐桓晋文"**。

前程大好，跑什么呀？

重耳

晋222216

躲宫斗呀！都怪我老爸！

是的，重耳的出场从宫斗开始。

这个宫斗还不是他自己的后宫争斗，而是他老爸的。

重耳的老爸晋献公在历史上有两点很出名。

第一点是作为君主，他取得了不错的成绩——

"并国十七，服国三十八"。

其中，**他干得最漂亮的一件事，**

就是灭了虢（guó）国和虞（yú）国，抢占了茅津，

控制了崤函（xiáo hán）道，

早早地在秦国向东进军的门户上装了一把牢固的"大锁"。

老爸，您这底子打得真厚！

晋献公

重耳

家底

茅津是黄河边上著名的渡口，旁边的崤函道是由崤山和函谷组成的一条很窄的通道，也是当时地处西边的秦国进入中原的唯一入口。

虢国和虞国地盘虽然不大，但是地理位置险要，也没有那么好灭。晋献公先打虢国，

因为两国有世仇，打仗有理由！

但从晋国到虢国必须经过虞国，怎么办？

大臣荀（xún）息出了个主意——

这主意很有用，虞国不但同意借道，
还和晋国组成联军，一起攻下了半个虢国。

还有半个虢国没灭，
过了三年，晋献公派里克和荀息去灭虢国，
又向虞国借路通行。

虞公找大臣们商量。大臣宫之奇说，两国关系这样紧密，如果虢国遭了殃，虞国也有灭国的危险。

虞国和虢国之间的关系，像

fǔ	chē	xiāng	yī
辅	车	相	依

。

> 注意，这里的"辅车"可不是什么奇奇怪怪的车。"辅"指颊（jiá）骨；"车"指牙床。意思是两国的关系像颊骨和牙床一样互相依存。形容关系非常密切。

又可以说是

chún	wáng	chǐ	hán
唇	亡	齿	寒

。

> 意思是嘴唇没有了，牙齿肯定会感到寒冷。

"辅车相依，唇亡齿寒"都形容关系密切，利害相关。可以缩写为**"辅车唇齿"**。

我们常说的

chún	chǐ	xiāng	yī
唇	齿	相	依

也是相同的意思。

你听懂宫之奇的意思了吗？

可惜，这个虞公就是"愚"公！愚蠢至极！

他不仅没听进去半个字，还拜起了神。

这次虞国只是借道给晋国，并没有参与侵略战争。

没想到！ 晋国彻底灭了虢国后，

回程时顺手把虞国也灭了，还抓了虞公。

晋献公

我们不是盟友吗？

虞公

一次性的而已！你不会当真了吧？

虞国就这样被灭了！

当初晋国用于借道的"买路钱"——美玉和骏马——

自然被荀息带回去了。荀息对晋献公说：

"您看，美玉还是当年的美玉，

这些骏马不过多了几颗牙齿而已！"

这就是成语 马(mǎ) 齿(chǐ) 徒(tú) 增(zēng) 的由来。

这里的"徒"是"徒然，白白地"的意思。现在一般用来谦虚地表示自己的年龄白白地增加了，但学问没有长进或没有取得成就。

苟息的这拨操作谁防得住？
这也成了《三十六计》中著名的一计——

假(jiǎ) 道(dào) 伐(fá) 虢(guó)，也可以说

假(jiǎ) 途(tú) 灭(miè) 虢(guó)。

泛指用借路的名义，行消灭对方的策略。注意"假"在这里的意思是借。

晋献公出名的第二点是他有个叫骊姬（lí jī）的老婆。

想要事情做得好，算术必须学得好！

骊姬真是集美貌与"智慧"于一身，
她一手策划并主导了历史上著名的事件——
"骊姬之乱"，
并逼着公子重耳开启了
"跑男"人生！

骊姬

骊姬原来是一个小国国君的女儿。
晋献公打败了这个小国，
骊姬成了他的"战利品"。
幸运的是，她长了一张漂亮的脸蛋，
晋献公很为她着迷，非常宠爱她。

晋献公想立骊姬为夫人，但大臣们都不同意。

晋献公

骊姬

呜呜……他们都觉得我不配当夫人！

他们说了不算，我们看老天的意思吧！

晋献公要占（zhān）卜，臣子们立刻拿来龟壳，
龟壳占卜显示：**不吉利！**
晋献公要臣子们换成蓍（shī）草再占卜一次，
这次蓍草显示：**大吉！**

晋献公想要采纳蓍草的结果，
负责占卜的臣子说："君主慎重呀！乌龟能活很久，
蓍草的生命却很短，龟甲占卜的结果应该更准确一些。"

后来，人们由此提炼出成语

cóng	cháng	jì	yì
从	长	计	议

。

意思是放长时间慢慢商量、考虑。指不急于做出决定，
慢慢设法解决。**比如，**你以后考哪个大学、选什么专业，
都需要从长计议。

但晋献公不想从长计议，
他宠爱谁就要给谁最好的。
最终骊姬还是成了晋国的夫人，重耳的后妈，
并开始了她的"从长计议"——
先生个儿子，再把现在的太子废掉，
然后让自己的儿子当太子，继承君主的位子！

骊姬的行动力超强！

这样一个宏大的计划居然被她一步步实现了！

后来太子申生被逼自杀，公子重耳和夷吾被诬（wū）陷是太子的同党，不得不流亡国外。骊姬的儿子奚（xī）齐最终即位，成了晋国国君！

咔！第一部曲"宫斗"结束！

如果把重耳的故事拍成电影，这第一部曲只能算背景介绍。

不过下面就要进入正片了——

从此，四十三岁的重耳成了"跑男"，

而且一跑就是十九年。

接下来，我们就跟着重耳一起开启

第二部曲——"流浪"吧！

追随重耳逃亡的有几十个人，如介子推、狐偃（yǎn）、胥臣等。其中狐偃（yǎn）、赵衰（cuī）、先轸（zhěn）、贾佗（tuó）、魏犨（chōu）被后人称为"五贤士"。

第一站——狄国。时间：十二年。

重耳的外公狐突是狄国的贵族。重耳来到狄国就像回自己家一样。他还娶了季隗（wěi）为妻，生了儿子，小日子过得挺滋润。

要是这安乐的日子可以过到老就好了！

谁知有一天，**重耳收到一封密信——**

有刺客，快跑！

重耳

寺人披

这是晋国第一刺客寺人披第二次追杀重耳。第一次是重耳的老爸认为重耳有罪，派寺人披去杀他。那一次重耳翻墙逃跑，还被寺人披割掉了一只袖子。

原来，骊姬的儿子奚齐虽然当上了晋国国君，
但没多久就被将军里克杀了。
公子卓子（骊姬妹妹和晋献公生的儿子）上位后，
又被里克杀了……最终，公子夷吾在姐夫秦穆（mù）公的
支持下回国当了国君，**成了晋惠公。**
晋惠公夷吾怕重耳回来跟他抢国君之位，就派出了刺客。

兄弟，不麻烦了，我自己会跑的！

重耳

晋惠公

重耳火速打包行李准备继续逃亡。
离别前，他对季隗说：**"如果我二十五年后还没回来，你就嫁人吧！"**

什么？等二十五年？
怎么说得跟等二十五天一样轻巧！

但季隗一点儿也不生气，说："再过二十五年我都要进棺（guān）材了，还嫁什么人呢？你放心跑吧，我等你就是了！"

这番话便是成语

xíng	jiāng	jiù	mù
行	将	就	木

的由来。

意思是人的寿命已经不长，快要死了。"行将"指将要；"就木"指进入棺材。

我会在爱情的坟墓里等你的！

季隗

重耳

第二站——卫国。时间：不详。只是路过。

重耳想要去齐国依靠齐桓公，途经卫国。

这时候，卫国正被邢（xíng）、狄（dí）联合入侵搞得头大，
卫文公压根没工夫用盛大的仪式欢迎重耳。

到五鹿这个地方时，**重耳一行人把带的粮食吃光了，**
饿得头晕眼花。他们想找卫国的人讨点东西吃，
结果卫国的人对他们说——

> 没东西，吃土吧！

狐毛

胥臣

贾佗

重耳

就在重耳他们饥饿难耐的时候……
天啊！一碗香喷喷的肉汤被送到他面前。原来，
"硬汉"介子推割下了自己大腿上的肉，
与采摘来的野菜一起煮成汤给重耳吃。

我以后一定会报答你的！

重耳

介子推

这就是

gē	gǔ	dàn	jūn
割	股	啖	君

的故事。

"股"是大腿的意思；"啖"指吃或者喂。还可以说"**割股奉君**"。

就这样重耳渡过难关，来到齐国。

第三站——齐国。时间：五年。

齐桓公不愧（kuì）是春秋首霸，他热情招待了重耳，还把家族的一个少女齐姜嫁给他，陪嫁是**二十辆驷马车**（前面提到过，这种车是战车）。

重耳觉得自己很受重视，又过上了安生日子。

重耳嘴上说得好，但哪有那么容易！
重耳在齐国住了两年后，齐桓公去世了。
齐桓公的五个儿子你吵我打地争国君之位，
好不容易才有了结果。

其他诸侯国趁机派兵来骚（sāo）扰齐国。
很明显，齐国并不适合继续待下去了。
可重耳还是赖（lài）着不想走，
他又在齐国待了三年。
跟着他一起逃亡的人都急得不行。

跑什么跑呀！

狐偃　胥臣　魏犨　先轸

重耳　贾佗

我们可不是陪你旅游的！

一天，"五贤士"中的狐偃和赵衰在一棵桑树下讨论怎么让重耳离开齐国。可他们俩没有注意隐蔽（bì），说的话被一个采桑的侍女听到了。侍女把事情告诉了齐姜。

齐姜劝重耳赶快离开齐国。

你快走吧！

重耳　齐姜

我不走，待得好好的，干吗非要到处流浪呢！

《左传》记载，齐姜知道狐偃和赵衰的密谈后，对重耳说："子有四方之志，其闻之者，吾杀之矣。"重耳回答："无之。"

zhì zài sì fāng

志在四方

这是齐姜对重耳的形容。指有远大的志向和理想。可见齐姜很不简单，有想法！记录古代优秀女人事例的《列女传》中就记有这件事。现在我们经常看到"好男儿志在四方"的标语。

"列女"齐姜才不管重耳怎么想呢！
她联合狐偃等人灌（guàn）醉重耳，将他塞进马车里。
重耳（被迫）连夜跑路了！

第四站——曹国。时间：不详。又是路过。
离开齐国后，"五贤士"要重耳去楚国，争取楚成王的支持。
去楚国要经过曹国。**万万没想到，**
曹国国君曹共公闲着没事干，**竟然偷看重耳洗澡！**

这是为什么？好奇呀！
据史书记载，重耳长得很特别，他有四只耳朵，四个瞳孔，肋骨还连成一块。

这样的怪人都送上门了，不看白不看！

有人偷看我！

侵犯他人隐私，请跟我走一趟！

重耳

曹共公

我有什么错呢？我就是太好奇了！

《左传》记载："曹共公闻其骈（pián）胁（xié），欲观其裸（luǒ）。""骈胁"就是说肋（lèi）骨都连在一起。

曹共公不尊重重耳，曹国自然也没有什么人善待重耳了！
但曹国的大夫僖（xī）负羁（jī）却
偷偷给重耳送去一盘好菜，
还在菜里藏了块宝玉。重耳接受了这盘好菜，退回宝玉。

	shòu	sūn	fǎn	bì
这就是	受	飱	反	璧

"飱"有个夕字旁，原指晚餐，后泛指熟食；"反"同"返"，指返回；"璧"指宝玉。成语的意思是留下食物表示接受善意，退回宝玉则表示不贪财物。

这啥菜？我的牙齿都被崩掉了！

重耳

僖负羁

后来重耳当上国君出兵攻打曹国时，下令军队不得侵犯僖负羁及其家人，以报答当年的恩情。

第五站——宋国。时间：不详。又是路过。

出了曹国，就到了宋国。

这里必须好好说一说这一任的**宋国国君宋襄公**。

后人对他的评价非常极端，有人表扬他 **"仁义"**，

也有人说他像 **"笨蛋"** 一样。至于到底怎么样，

你看看他是怎么打仗的，

自己评价一下吧！

宋襄公

这一年，宋国和楚国的军队在泓（hóng）水打上了！

宋襄公做人多坦荡呀，他决定和楚成王来一场

男人和男人之间的决斗！

第一回合

一大早，宋军就在泓水北岸排排站好，
等着楚军来。等啊等啊，宋军都等困了，
突然，一阵巨大的声响惊醒了他们——

**老天呀，河对岸到处都是人！
楚军也太多了吧？！**

还好，他们还没过河！

——"老大"，咱们打吧！

——没规矩，别动！

一二三，木头人！

宋襄公

在前面的"跑题时间"里我们说过周朝的战争规矩，还记得吗？

急死我了，醒醒，这是场战争啊！

宋襄公

第二回合

乌泱（yāng）泱的楚军越来越近了，眼看着过了河，准备列队了。趁着他们还没排好队形……

——"老大"，上吧！
——不行，再等等！

等啥？等楚军列队呀！因为战争规矩中的一条是

bù   gǔ   bù   chéng   liè

不 鼓 不 成 列。

指不攻击没有排成列的敌人。现在多用来形容人迂腐（yū fǔ）。

等他们排好队形就来不及了！

宋襄公

还等？凉了！没了！

有什么压箱底的绝招赶紧拿出来呀！

第三回合

宋襄公

没有绝招怎么办？我只有一颗"仁义"的心呀！

你是不是在期待反转？呵呵，并没有！
宋军输了，赶紧跑吧！

五十步了，别追了啊！守规矩！

楚成王

宋襄公

就追你！

"唰（shuā）！" 一支箭射中了宋襄公的大腿！

他拖着伤腿回了国。后来，楚军本来打算继续攻打宋国的都城，但是突然发了一场洪水，楚军损失惨重，只能空手回国了。

所以，这是一场 **"双输"** 的战争。

只是宋襄公 **既输了阵，又丢了人！**

宋国的臣子们都对他有意见，他却认为自己没有错。

后来人们把他这种对敌人讲仁义的可笑行为

称为

sòng	xiāng	zhī	rén
宋	襄	之	仁

。

宋襄公

宋襄之仁

1. 不靠地形优势。
2. 不打没有排列好队伍的敌人。
3. 不追受伤的敌人。
4. 不抓白头发的老人。

没想到我这样讲仁义的人，居然成了笑话！

重耳遇到的正是受了重伤的宋襄公。这时宋襄公依旧很守礼，
用非常高规格的仪式接待了重耳，
还送给他很多车马和财宝，并真诚地对重耳说，
宋国是个小国，没什么能力帮助他，
让他去大国寻求帮助比较靠谱（pǔ）。重耳非常感激他。

有宋襄公这样的朋友真幸福啊！

有这样的敌人更幸福！

重耳

楚成王

疯了？蠢笨的宋襄公竟名列春秋五霸！

　　关于"春秋五霸"是哪五霸，一直以来大家的看法并不统一。有不少的典籍（jí）把宋襄公列进"五霸"，如颜师古的《汉书注》、赵岐的《孟子注疏》等。其中最让大家关注的是，司马迁在《史记》中也把宋襄公与齐桓公、晋文公、秦穆公、楚庄王放在一起，列为"春秋五霸"。这是为什么？

　　其实宋襄公虽然实力不行，但他没做过什么坏事，反而做了不少仁义的事。比如，他做太子的时候谦让王位；后来又完成了齐桓公的托付，扶持齐孝公上位；他还主持召开过好几次诸侯会盟。也许司马迁是想要告诉我们，真正的"霸主"，除了要有经济实力和战斗实力，更要有胸怀和仁义，责任和担当吧！

第六站——郑国。时间：很短。还是路过。

过了宋国就到了郑国，郑文公根本就不理睬（cǎi）重耳。

我们老板没空见你们！

太看不起人了！我们回国以后……

重耳

赵衰

第七站——楚国。时间：几个月。短暂停留。

重耳一行人终于来到楚国。楚国虽然靠南，地方比较偏，
中原各国都不太瞧得上它，但楚成王有本事呀！
他把楚国发展成一个超级大国，算得上没有称霸的霸主。
楚成王也很有**大国国君的风度**，他隆重地招待了重耳，
还和重耳三天一小顿、五天一大顿地喝酒畅谈。

一次，他们喝得高兴，楚成王问重耳：
"你要是当上了晋国国君，**打算怎么报答我呢？**"

重耳回答："您什么宝物没有呀？这样吧，
如果我以后当上了晋国国君，我们两国打起来，
我将退避三舍来报答您的恩情。
但是我退后了您还要打，我就只能拿起武器对抗您了！"

哈哈，希望你做得到！

楚成王

重耳

必须的！

成语

tuì	bì	sān	shè
退	避	三	舍

中的一舍大约三十里，三舍就是九十里。"退"是"退却"；
"避"指回避。原指和敌方作战时军队后撤一定的距离。
后来比喻对人让步，避免冲突或比喻自己不敢跟人争。

几个月下来，楚成王特别热情，
但一点儿都没有帮助重耳回国抢国君之位的意思。
重耳正发愁呢，他的姐夫秦穆公派人接他去秦国，
并表示要帮助他当上晋国国君。

哇！天上掉馅饼了吗？ 继续看就知道了！

第八站——秦国。时间：一年左右。准备回国。

原来，当年夷吾求姐夫秦穆公帮助自己上位时，
曾答应割让五座城池给秦国。结果夷吾一上位，
就不认账了。后来他还做了很多不好的事，

把秦晋关系搞坏了。 秦穆公跟晋国狠狠打了一仗，
结果秦国赢了，还抓了晋惠公夷吾。

我能立你，也能废你！

晋惠公

秦穆公

为了表示投降的诚意，晋惠公夷吾把儿子圉（yǔ）送到秦国当人质。毕竟是亲戚，秦穆公也没有做得太绝，他把晋惠公夷吾放回国，又把女儿怀嬴（yíng）嫁给了公子圉。

没料到，结婚五年后，公子圉听说他爹行将就木了，丢下怀嬴，跑回晋国继承国君的位子，**成了晋怀公。**

我要换人！

秦穆公

公子圉

被这父子俩气炸了的秦穆公说话算话，执行力超强。

他一口气嫁了五个女儿给重耳，这里面还包括被丢下的怀嬴。

接着，**秦穆公派大军护送重耳回晋国。**

秦国的太子——后来的秦康公，也就是重耳的外甥，一直送舅舅到了渭（wèi）阳这个地方。后来，

人们常用

wèi	yáng	zhī	qíng
渭	阳	之	情

来形容舅舅和外甥之间的情谊。

在秦穆公给力的支持下，重耳开始了他的

第三部曲——复国！

经过一番战斗，经历了一些波折，

重耳当上了晋国国君，成了**晋文公**。

这一年，他已经六十二岁了！

晋文公虽然有些老了，但脑子不糊涂。

一上位，他就开始封赏曾经帮助过他的人，

但那个割肉给他吃的硬汉介子推却跑了。

这是怎么回事？

未完待续……

福利时间

拍拍手，点点头，动起来！
和身体部位有关的成语
你知道哪些呢？

眉飞色舞　扬眉吐气

交头接耳　垂头丧气　千头万绪(xù)　头重脚轻

目不识丁　目不转睛　有目共睹　挤眉弄眼

众目睽睽(kuí)　目光如炬(jù)　望眼欲穿　掩人耳目

充耳不闻　耳聪目明

面不改色　面红耳赤　面黄肌瘦　满面春风

愁眉苦脸　朱颜鹤发(hè)　抛头露面　鼻青脸肿

守口如瓶　牙牙学语　咬牙切齿

脱口而出　苦口婆心　口说无凭(píng)

口蜜腹剑(fù)　脍炙人口(kuài zhì)　七嘴八舌

高抬贵手　手舞足蹈　爱不释手(shì)

身强力壮
体无完肤
五体投地
心满意足
心平气和
五脏六腑

看了上面和身体部位有关的成语，你可以和好朋友玩一个游戏：一人说身体的部位，一人说出相对应的成语。这样学起来是不是更快也更有趣呢？

图书在版编目（CIP）数据

呀，成语就是历史 . 第 1 辑 . 春秋 . ① / 国潮童书著

. -- 北京：台海出版社，2023.11

ISBN 978-7-5168-3651-4

Ⅰ . ①呀… Ⅱ . ①国… Ⅲ . ①汉语 - 成语 - 故事 - 少

儿读物 Ⅳ . ① H136.31-49

中国国家版本馆 CIP 数据核字 (2023) 第 184407 号

呀，成语就是历史 . 第 1 辑 . 春秋 . ①

著　　者：国潮童书　　　　　　　　图画绘制：丁大亮

责任编辑：戴　晨

出版发行：台海出版社

地　　址：北京市东城区景山东街 20 号　　　　邮政编码：100009

电　　话：010-64041652（发行，邮购）

传　　真：010-84045799（总编室）

网　　址：www.taimeng.org.cn/thcbs/default.htm

E - mail：thcbs@126.com

经　　销：全国各地新华书店

印　　刷：天津海顺印业包装有限公司

本书如有破损、缺页、装订错误，请与本社联系调换

开　　本：710 毫米 ×1000 毫米　　　　1/16

字　　数：500 千字　　　　　　　　　印　张：63

版　　次：2023 年 11 月第 1 版　　　　印　次：2025 年 4 月第 3 次印刷

书　　号：ISBN 978-7-5168-3651-4

定　　价：300.00 元（全 10 册）